27
L n 12898.

PANÉGYRIQUE

DE

SAINT LOUIS.

PANÉGYRIQUE

DE

SAINT LOUIS,

ÉVÊQUE,

PRÊCHÉ DANS L'ÉGLISE DE BRIGNOLES,

Le Dimanche qui a suivi le 19 Août 1845,

Par

M. l'Abbé RIQUIER,

Chanoine, Curé de cette Ville.

BRIGNOLES,

Imprimerie et Lithographie de Perreymond-Dufort.

1856.

AUX BRIGNOLAIS.

C'est à vous qu'il a *tant aimés*, à vous qu'il a *regrettés jusqu'au dernier souffle de son âme* [a], que nous offrons ce souvenir pieux de votre ancien et vénéré Pasteur.

M. l'abbé Riquier a passé trente années à Brignoles [b] ; mieux que l'éloge le plus pompeux, les œuvres de son zèle vous disent si ces années ont été pour vous des années stériles.... Ces œuvres qui lui ont coûté tant de sacrifices et de travaux, perpétueront sa mémoire dans votre cœur et la feront bénir.

M. l'abbé Riquier n'a pas seulement agi, il a parlé.

Sa parole élégante et facile a retenti longtemps à vos oreilles : vous l'avez aimée toujours, parce qu'elle a été toujours pieuse, toujours digne.

Comme ses œuvres, la parole de M. l'abbé Riquier, même après sa mort, doit vivre.

La pensée nous est donc venue de vous en faire entendre comme un écho, — écho que vous envoie, hélas ! sa tombe fermée à peine !

Parmi ces trésors de douce et pathétique éloquence qui, dans ce but, ont été mis à notre disposition, il a fallu nécessairement faire un choix. Le choix, sous le rapport de l'art, eût pu être meilleur. Mais le Panégyrique de Saint Louis de Brignoles, n'est-ce pas ce que nous pouvions offrir de plus agréable et de plus utile à vos cœurs de Brignolais ?

Recevez donc avec faveur ces pages qui vous sont dédiées. La charité vous les présente sous les auspices d'un nom qui vous fut toujours bien cher. Recevez-les comme un vivant souvenir du bien-aimé Pasteur, ravi si prématurément à votre affectueuse reconnaissance.

En lisant ces pages, c'est lui que vous entendrez encore vous racontant, avec bonheur, les gloires de votre illustre et vénéré Patron, lui que vous verrez exaltant, avec un saint enthousiasme, ses héroïques vertus !

PANÉGYRIQUE

DE

SAINT LOUIS,

ÉVÊQUE.

Magnus in medio tui sanctus.
Un grand saint a passé au milieu de vous.

Isaïe XII — 6.

MES FRÈRES,

LA naissance de Louis (c), ses vertus, ses mira-
cles, sa mort, ses dépouilles (d) et sa protection dépo-
sent assez, en faveur de notre cité, qu'un grand saint
a passé au milieu d'elle. Il est consolant, mes
Frères, de louer les saints, d'en publier les vertus,
d'en exalter la gloire ; mais il l'est bien davantage
de payer à un concitoyen ce tribut de vénération
et d'hommage. Sa gloire semble alors nous ap-

partenir : nous la faisons entrer dans nos intérêts, et un saint, qui est notre compatriote, est comme un ange tutélaire placé au-dessus de la cité, pour la protéger et la bénir.

Ils sont donc justes, mes Frères, les sentiments qui vous animent à l'égard de ce jeune héros dont nous célébrons aujourd'hui la solennité. Oui, ces sentiments sont justes, et nous n'avons pas besoin de les ranimer, puisqu'ils sont poussés jusqu'à l'enthousiasme. L'essentiel est de les régler, et de vous les rendre utiles.

Car, il ne vous servirait de rien, mes Frères, d'avoir ici-bas avec Louis une commune patrie, si vous n'aviez d'ailleurs aucun autre rapport, aucune autre ressemblance avec lui. Le ciel vous l'a donné, afin que sa sainteté vous soit un sujet d'émulation pour être saints : *Magnus in medio tui sanctus.*

Mais quelle sainteté que celle de Louis!... né, pour ainsi dire, dans la région des sens, élevé au milieu des vapeurs pestilentielles qui s'exhalent à côté du trône, il sait bien se garantir de leur contagion. Formé par les sages leçons de la foi, il l'honore par sa docilité aux maximes dont elle le nourrit, comme par sa soumission aux sacrifices qu'elle lui demande, et c'est à ce double titre, mes Frères, que nous venons vous parler de sa grandeur et de sa sainteté : *Magnus in medio tui sanctus.*

Oui, mes Frères, Louis élevé par la religion, a été véritablement grand.

Louis sacrifié à la religion, a été véritablement saint.

Vers la fin du XIIIe siécle, deux cents ans après la fondation de cette église paroissiale, Louis, illustre rejeton de la maison des Bourbons, reçut à Brignoles une double naissance : par la première, fils de Charles II, roi de Sicile, et de Marie de Hongrie, il devint prince ; par la seconde, régénéré dans les eaux du baptême, il devint chrétien. Mais ce que Louis estimera, ce qu'il respectera en lui, c'est bien moins ce titre pompeux qui lui assure un trône sur la terre, que cette qualité d'enfant de Dieu qui lui donne droit à une couronne dans le ciel. Le sang des rois qui coule dans ses veines, il ne le compte pour rien ; mais le sang de Jésus-Christ qui l'a sanctifié, est véritablement à ses yeux précieux et divin.

Ces impressions, profondément gravées dans son âme, furent le premier fruit d'une éducation chrétienne. Ce que la reine Blanche aimait à répéter à son fils, oncle, patron et modèle de Louis, Louis l'entend sortir de la bouche de sa pieuse mère : « Mon fils, lui disait-elle, Dieu m'est témoin que je ne pourrais vous survivre ; mais ce qui ferait à mon cœur une plus profonde blessure, ce serait de pleurer votre innocence flétrie par le péché. »

Une éducation si chrétienne ne pouvait avoir que les plus heureux résultats. Aussi, dès l'âge le plus tendre, Louis juge du temps, et de ce qui doit finir avec le temps, comme il en jugera dans l'éternité. Son rang l'appelait à figurer dans le monde; mais sa foi lui découvrant ce qu'il faut penser du monde, le fait triompher de toute séduction, le met au-dessus des malheurs, et le rend, à ce double titre, véritablement grand.

En effet, Louis est encore à cet âge où le cœur sans expérience s'ouvre imprudemment à tout ce qui peut l'émouvoir et le séduire. Mais ils ne se sont pas effacés de son esprit, ces principes religieux qu'il a reçus sur les genoux de sa pieuse mère. Il sait bien qu'on n'est riche que par les trésors de la grâce : qu'il n'est de vrai bonheur que dans l'innocence, et que le péché, qui fait la honte de l'homme, fait toujours aussi son malheur. Il le sait : et cette connaissance est comme un bouclier qui le rend inaccessible aux traits de l'ennemi. Les nuages des passions qui se forment, pour l'ordinaire, dans les palais des rois, et qui souvent ont obscurci la vertu des plus grands princes, ne font que donner un nouvel éclat à la sienne; et la pureté, cette vertu précieuse qui fait participer l'homme à la nature même de l'ange, devient le caractère distinctif de sa sainteté : pureté délicate, qui n'a à rougir un instant ni des pensées, ni des sentiments qui lui échappent; pureté timide, qui ne lui permet pas de jeter ses regards sur sa propre sœur, et qui, après une longue absence, le porte à se refuser aux embrassements de sa mère ; pureté constante : nouveau David, Louis marche dans l'innocence au milieu des dangers de la cour ; plus heureux que David, il y marche jusqu'à la fin.

Fonts sacrés de ce temple auguste, où Louis a reçu le sacrement qui régénère, ah ! vous n'aurez pas à lui reprocher d'avoir souillé ce vêtement de justice et de sainteté dont il fut alors revêtu. La foi fut, dans toutes les circonstances, son guide et son soutien, et son innocence triompha de tous les écueils du monde, de tous les dangers de la cour, de tous les prestiges de la cupidité.

Cet exemple est bien digne de votre admiration, n'est-ce pas, mes Frères ? mais, laissez-moi vous le dire : cet exemple est aussi bien capable de vous confondre, vous, dont les premiers pas dans la vie ont été marqués par tant de faiblesses ; vous, dont le cœur, fermé à tout sentiment pieux, semble ne pouvoir s'ouvrir qu'à des désirs coupables ; vous, qui pouvant trouver la sécurité de votre innocence dans une vie retirée, appelez tous les jours le danger, en vous livrant aux mouvements du monde, et aux scandales de ses plaisirs.

Ah ! ce n'est pas en agissant ainsi que Louis conserva la pureté de ses mœurs. Il savait bien que cette fleur délicate doit s'entourer des épines de la pénitence : de là , cette mortification universelle de ses sens ; de là, cette privation des plaisirs même les plus légitimes ; de là , cet usage presque continuel d'un rude cilice , ces nuits passées sur un peu de paille , ou dans la ferveur de la prière ; de là aussi, ces larmes amères , ces disciplines ensanglantées.... Mes Frères , un pareil tableau répugne assurément à votre délicatesse ; et cependant ce n'est pas dans la vigueur de l'âge , ce n'est pas dans les déserts de la Thébaïde que nous avons à vous le présenter ; mais c'est à côté du trône , c'est dans un jeune prince, c'est dans le sein de l'innocence, et d'une innocence telle qu'elle a été pour Louis le premier titre de sa grandeur.

Un second triomphe lui était réservé : car si la foi l'a rendu supérieur à toute séduction, elle l'a mis encore au-dessus des malheurs.

La couronne de Sicile paraissait affermie sur la tête de Charles 1er, son aïeul, lorsqu'un prince ennemi, le roi d'Aragon, moins par sa valeur que par la ruse , s'ouvre une route jusqu'aux portes de Naples. Il y arrive, à la tête d'une flotte nombreuse , pour faire valoir par les armes des droits chimériques sur un trône qui ne lui appartenait pas. Un combat hasardé en l'absence et contre les ordres de Charles , lui fait perdre la couronne. Charles en meurt de chagrin, et laisse son fils, du même nom, père de notre Saint, prisonnier du roi d'Aragon , et héritier de son infortune.

Quelle situation pour Louis ! Il touche à peine à sa onzième année ; mais sa raison forte et prématurée lui fait vivement sentir les revers de sa famille. La mort de son aïeul ; son père qu'il aime tendrement, traîné en captivité ; sa mère jeune encore, chargée d'enfants, sans défense et presque sans ressource ; ses frères plongés dans la désolation la plus profonde ; les états en régence, les affaires en danger... ah ! ce sont là tout autant de plaies déchirantes pour son cœur. Toutefois, il ne cesse pas d'espérer, et c'est dans la religion qu'il va chercher le soutien dont il a besoin. Plein de pensées chrétiennes, plein de sentiments pieux, il relève le courage abattu de sa pauvre mère : il console la douleur de ses frères fondant en larmes : il fait envisager à tous que c'est toujours, par la croix, que Dieu veut nous conduire à lui. Mais son père,... le souvenir de son père, réduit en captivité sous un roi cruel et barbare, voilà ce qui blesse plus profondément son âme ; voilà ce qui lui fait dire, dans les transports de sa piété filiale, ce que David disait, dans l'amertume de sa douleur : « O mon père, mon père, qui me donnera d'embrasser vos chaînes, pour vous en délivrer ! » *Quis mihi tribuat ut ego moriar pro te* [1] !

Pieux enfant, vos vœux sont exaucés ! Le fier Aragonais consent à renvoyer votre père dans ses états ; mais c'est à la condition expresse que vous

____

[1] I. Reg. xviii, 33.

le remplacerez vous-même dans les fers. La condition est acceptée avec bonheur : Louis part, il est rendu à Barcelonne. Mes Frères, c'est bien des profondeurs ténébreuses des prisons de cette ville, où Louis est resté en otage pendant sept ans, que sort le plus beau triomphe de sa vertu. En entrant dans cette terre étrangère, il avait emprunté les sentiments et les paroles de Tobie : « Pour moi, avait-il dit, je bénirai le Seigneur dans ma captivité : » *Ego autem in terra captivitatis meæ confitebor illi* [1]. Il le dit : et sa soumission aux événements qui le frappent, témoigne bien de l'héroïsme de sa patience. Les traitements qu'il essuie, peuvent bien varier selon la fortune du roi vainqueur; mais sa vertu, toujours égale à elle-même, demeure inébranlable au milieu des peines et des humiliations qui se succèdent. Il refuse constamment de charmer l'ennui de sa prison par les amusements qu'on lui propose ; et s'il accepte quelquefois de se produire en ville, ce n'est que pour entrer dans une église, où, prosterné devant l'autel, il consacre à son Dieu sa jeunesse et son cœur, ou bien, c'est pour parcourir les hôpitaux, et y suivre les mouvements de la charité la plus tendre.

Mes Frères, vous le savez : le monde vante, il vante beaucoup le courage que donne la raison; mais vous savez aussi que la faible impression de sa lumière cède toujours au moindre événement

____

[1] Tob. XIII, 7.

malheureux. Il n'appartient qu'à la foi d'enfanter ce courage qui s'agrandit, qui s'élève, qui se divinise dans le malheur. Aussi voyez Louis, et Louis encore jeune : il est plus grand dans sa prison, qu'il ne l'avait jamais paru dans le palais de ses pères !

Mes Frères, cette religion sainte si propre à nous soutenir dans l'infortune, nous l'aimons, nous l'apprécions sans doute ; mais, je vous le demande, comment cette religion peut-elle naître et se développer dans une âme autrement que par les principes d'une éducation chrétienne ? Pères et mères, voulez-vous que vos enfants soient heureux ? avant tout, parlez-leur de Dieu, de sa loi sainte ! Dans les soins assidus que vous leur donnez, vous devez moins considérer les intérêts humains, moins une fortune périssable, moins même les talents de l'esprit, que les vertus qui doivent former leur cœur, et préparer leur avenir. Avec une éducation chrétienne, il est possible de s'égarer, mais il est difficile de se perdre. Tandis qu'une éducation ; — je dis même une éducation brillante, mais dont la religion ne serait pas la base, — qu'est-elle ? L'expérience est là pour nous répondre : une pareille éducation n'est rien moins qu'un élément de honte et de malheur pour les familles, un élément de calamités et de ruines pour la société !

Louis fut plus heureux, parce que son éducation fut toute sainte. La religion en avait été la base : la vertu en fut le fruit. C'est ainsi qu'après Dieu il fut redevable aux soins de sa famille de la conservation de son innocence, et de ce courage qui le mit au-dessus du malheur.

Mais avançons : formé par la religion, Louis a été véritablement grand ; sacrifié à la religion, il a été véritablement saint.

Voulez-vous, mes Frères, connaître les sacrifices de Louis? Ils embrassent tout dans leur étendue : ses biens, ses honneurs, son repos, sa vie. Il sacrifie ses biens à une vie pauvre ; ses honneurs à une vie humble ; son repos au zèle le plus actif ; sa vie à la charité la plus tendre ; et c'est ce que j'ai droit d'appeler un vrai prodige de sainteté.

Reprenons l'histoire de sa vie :

La captivité de Louis à Barcelonne est à sa fin, et la paix qui le rend à la liberté, le rétablit dans ses droits sur le trône de Naples. Au sortir des eaux de la tribulation, s'ouvre donc à ses yeux la plus brillante carrière. Mais le faste des rois, les ornements du diadème, le pouvoir souverain ne sont plus rien pour lui. Dans les jours de sa captivité, il en a fait à Dieu le généreux abandon, pour embrasser l'humble profession de saint François.

Mais quels combats n'a-t-il pas à soutenir, dès qu'il fait connaître l'engagement qu'il a pris de sacrifier l'éclat du trône à l'obscurité du cloître ? Vues de politique, intérêts du bien public, tendresse naturelle, tout se réunit pour s'opposer à son dessein. Afin de cimenter la paix conclue entre les deux puissances, le roi d'Aragon, épris de sa vertu et de ses précieuses qualités, lui fait proposer sa sœur en mariage. Charles ii, père de notre Saint, fait dire à son fils que, s'il consent à cette demande, il lui cède à l'instant même le trône pour prix de sa docilité. Tout ce qu'il y a, parmi les grands du royaume, de mieux instruit dans l'art de séduire, ou de plus capable d'imposer par l'ascendant du mérite, ne néglige rien pour le gagner. On lui fait envisager la profession qu'il médite, comme impraticable, ridicule, dangereuse même. Mais Louis n'est pas ébranlé dans son pieux dessein. Tel il a vu le monde dans sa prison, tel il le voit sur les marches du trône, et les combats qu'on vient lui susciter, ne font qu'ajouter au mérite de son sacrifice.

Toutefois un nouvel assaut lui est réservé, et quel assaut, ô mon Dieu! Charles ii, après avoir vainement épuisé les ressources de la politique, a recours aux droits de la nature. Il se présente lui-même à son fils : il lui expose, dans ses épanchements les plus tendres, ce que le malheur de la guerre a fait essuyer à sa famille, et ce que son obstination lui attirerait encore. Il fait appel à sa reconnaissance et à son amour, et va jusqu'à mêler ses larmes aux sollicitations les plus pressantes. Louis est ému; mais il n'est pas gagné. Il se jette aux pieds de son père : il les embrasse, il pleure ; mais il expose, avec une sainte liberté, ce qu'il a promis à Dieu, et triomphe ainsi de tout ce que la nature a de plus fort, en triomphant de la tendresse de sa famille. Adieu donc, couronne et biens de la terre, adieu ! Louis vient de vous échanger contre l'obscurité du cloître : le voilà pauvre Cordelier !

Cependant le bruit de ses vertus pénètre jusqu'à la capitale du monde chrétien, et lui concilie l'estime et la bienveillance du Chef de l'Église. Mais quel usage, croyez-vous, que Louis va faire d'une protection si honorable et si puisssante ? Pas d'autre que de demander dans le sanctuaire la dernière place..... la dernière place, lui que sa naissance appelait au premier rang ! la dernière place, pour être soumis à tous, lui qui devait distribuer aux autres les premiers emplois d'un royaume ! Mais, non : Louis est cette lumière qui ne doit pas rester sous le boisseau. Le siége de Toulouse vient à vaquer, et Boniface VIII le désigne pour le remplir. Rome et Naples applaudissent à ce choix. Louis seul en est effrayé, et dans ce sentiment de terreur il part, il arrive à Rome. A Rome..... on avait vu souvent entrer dans cette capitale de l'univers, les conquérants couverts de lauriers, et chargés des dépouilles de leurs ennemis vaincus. Notre Louis y entre, pour donner au monde un spectacle moins imposant, il est vrai, mais bien plus touchant, mes Frères. On le voit marcher, pieds nus, ceint d'une corde, sous un habit pauvre, et plus content de ces livrées de Jésus-Christ, qu'il ne l'eût été du diadème dont il vient généreusement de se dépouiller. Il arrive, et va se prosterner aux pieds du souverain Pontife, fondant en larmes, et le suppliant, par tous les motifs que son humilité lui suggère, de détourner l'orage dont il est menacé. Ses premières sollicitations devenues inutiles, il en ajoute de plus pressantes encore, et s'il cède à la fin, c'est à l'autorité qui lui ordonne de se soumettre : le voilà donc au rang des Pontifes !

Cependant, mes Frères, ce n'est pas au préjudice de son humilité, et cette grandeur à laquelle on l'élève, il saura bien la sacrifier aussi. Voyez, en effet :

En lui, les dehors de l'épiscopat disparaissent sous l'habit de l'humble religieux. Dans la plus auguste assemblée de Rome, il se présente revêtu d'une tunique grossière, et dans l'appareil le plus propre à faire rougir la vanité.

Il part de cette capitale, pour aller occuper un des plus beaux siéges de France, et il retrace, par la modestie de son équipage, la simplicité de celui avec lequel le divin Maître entre dans Jérusalem.

On le voit, dans sa route, se plaindre, s'offenser même des hommages qui lui sont rendus. Il loge de préférence dans les couvents de son Ordre, et il n'ambitionne d'autre honneur que d'être confondu parmi les siens. A Florence, un somptueux appartement lui est offert : au milieu d'éclatantes tentures, on y voit briller, d'une part, un lit tout resplendissant d'or, de l'autre, les armes accolées de France et de Sicile. A cet aspect, Louis recule : « Est-ce donc là, s'écrie-t-il, la cellule d'un Frère Mineur? » Et à l'instant, sur son ordre, tout est mis de côté, et le fils des rois, étendant sur le pavé son manteau de Cordelier, en fait sa couche pour toute la nuit.

Brignoles le reçoit bientôt dans ses murs et lui décerne le plus touchant des triomphes : Louis se montre dans son pays natal tel qu'il s'est montré partout. On le voit préférer au splendide palais de ses pères, la pauvre cellule du Franciscain.

Enfin, il arrive dans sa ville épiscopale : Toulouse l'accueille avec le respect dû au Saint, avec la pompe due au Prince. Au milieu de l'enthousiasme et des acclamations publiques, l'humble Pontife apparaît toujours le même, sans prétention et sans faste. Rien n'est changé dans ses sentiments, ni dans son extérieur, et, comme un nouveau Moïse, il ne brille que d'un éclat descendu du ciel!

Mais voulez-vous avoir la mesure de son humilité? Voyez surtout, mes Frères, les terreurs dont il est agité, à la vue des devoirs de l'épiscopat. — Malgré tous ses talents, il ne voit en lui qu'insuffisance ; malgré toutes ses vertus, il n'aperçoit en lui qu'indignité. Cette conviction, que personne ne partage, lui suggère mille motifs de faire agréer sa démission au souverain Pontife ; il ne trouve de paix que dans l'espérance d'être délivré de ce pesant fardeau.

Ah ! loin de nous la pensée qu'il veuille se démettre de sa charge, pour en éviter le travail et les embarras ! Voulez-vous savoir s'il en redoute autre chose que les honneurs et les dignités ? Voyez, mes Frères, comme il sacrifie son repos à l'activité de son zèle.

Loin de trouver, dans sa haute position, un prétexte honorable de ménagement, il travaille, avec une application infatigable, à renouveler la face de son Diocèse. Ce qui avait échappé au zèle des Dominique, n'échappe pas au sien ; et, par ses instructions renouvelées jusqu'à trois fois par jour, les ignorants sont instruits, les pécheurs rentrent sous l'empire de la grâce, les hérétiques reviennent au sein de l'Église, les pécheurs même embrassent la croix de Jésus-Christ.

Animé de l'esprit du saint Évêque d'Hyppone, il s'attendrit sur les besoins universels de l'Église, et étend sur eux toute sa sollicitude. Ainsi à Paris, où l'intérêt de son Diocèse, bien plus que les lois de la bienséance, l'appelle, il parle, il s'élève contre les dérèglements de la cour et de la ville. Invité par les Évêques du Languedoc, il parcourt cette province en homme apostolique ; il traverse la Catalogne, pénètre jusque dans le royaume d'Aragon, annonçant partout les mystères du royaume de Dieu, et recueillant partout une moisson abondante. Épuisé de travaux, il rentre dans son Diocèse; mais c'est pour y soutenir le bien immense qu'il y a opéré et que la courte durée de son épiscopat rendrait incroyable, si tout n'était possible à une charité comme la sienne, — charité à laquelle nous allons le voir sacrifier sa personne et sa vie.

Charité de Louis, charité pacifique : sa douceur ne s'altéra jamais, ni dans l'injustice des contradictions, ni dans la noirceur de la calomnie; combien de fois ne l'a-t-on pas vu embrasser, avec affection, ceux-là même qui l'avaient le plus profondément outragé ?

Charité de Louis, charité généreuse : dans les jours de sa captivité, on l'avait vu se priver du nécessaire pour le soulagement des malheureux; mais depuis lors, que n'a-t-il pas ajouté à la libéralité de son amour pour les pauvres ? Vous dirons-nous, mes Frères, que plus généreux que le saint Évêque de Tours, il se dépouille de son manteau, pendant la rigueur de l'hiver, pour en revêtir un indigent qu'il rencontre sur sa route ? Vous dirons-nous qu'il nourrissait tous les jours vingt-cinq pauvres à sa table, et qu'il les servait de ses propres mains ? Mais ce sont là ses moindres sacrifices : il ne refuse rien à l'indigence; à l'indigence seule il accorde tout.

Charité de Louis, charité héroïque : je le vois,

avec émotion, entrer dans ces sombres réduits , où semblent être réunies toutes les misères humaines ; dans ces hôpitaux, où des maladies contagieuses répandent la cadavéreuse infection des mourants et des morts ; dans ces cachots obscurs, où la justice humaine retient ses victimes, accablées sous le poids des chaînes et de la honte publique. Êtres infortunés , ah ! consolez-vous : voici l'ange que vos soupirs appellent ! Vos maux pèsent, ils pèsent immensément sur son cœur de prêtre : il écoute avec patience vos plaintes ; il panse vos plaies sans dégoût, et il ne trouve pas de moments plus heureux, dans son ministère, que ceux où il lui est donné d'apporter la consolation et l'espérance dans vos cœurs abattus !

Mais cet ange consolateur, ce prodige de charité , cet homme de toutes les vertus , est le seul à ne pas les voir ; car, le juste, dit le Sage, vit dans la crainte continuelle de ne l'être pas : *Semper est pavidus* [1]. Cette crainte le fait revenir , mais plus fortement que jamais, à la résolution de se démettre de son épiscopat. Vainement travaille-t-on à le détourner d'un projet si préjudiciable à l'Église, à son peuple surtout : son humilité qui lui dérobe ses mérites, ne lui laisse entrevoir que des fautes à expier dans un cloître.

Plein de ces pensées, il se dirige vers la Provence, où des affaires ecclésiastiques l'appellent aussi. Il

_____

(1) Prov. xxviii, 14.

arrive dans sa patrie, notre cité ; Dieu l'y attendait pour exaucer ses désirs, ou plutôt, Dieu l'y amenait pour cueillir un fruit mûr là même où il l'avait fait naître. Une maladie qui l'atteint, menace ses jours ; tout à ses côtés est dans la douleur, seul, il est dans le calme et la sérénité. Le pressentiment de sa mort prochaine lui fait demander les derniers secours de l'Église. Mes Frères, c'est la ferveur elle-même, c'est la pureté angélique qui, pour la dernière fois, va se nourrir du pain des anges. Louis le reçoit à genoux, et tout fondant en larmes. Ces larmes, sanctifiées par le sang de Jésus-Christ, sont la dernière aspersion qui purifie la victime ; le désir qui l'anime de se réunir à son Dieu, est comme le feu divin qui consume l'holocauste ; les paroles qui sortent de sa bouche mourante, sont l'expression de ce vœu, et, se recommandant avec amour à Marie, sa mère, cette âme si pure et si belle s'envole dans les cieux !

Louis meurt ! oui, mes Frères, Louis meurt ! mais il meurt en saint, parce que c'est en saint qu'il a vécu. — Louis meurt ! mais il laisse en mourant l'exemple d'une pureté inviolable, d'une patience héroïque, du détachement le plus parfait, de l'humilité la plus profonde, du zèle le plus actif, de la charité la plus tendre, — vertus précieuses qui témoignent qu'un grand saint a paru au milieu de vous ; *Magnus in medio tui sanctus.*

Mais laissez-moi vous le demander, mes Frères,

en vous disant ce que Louis a été, n'est-ce pas vous dire indirectement ce que vous devez être vous-mêmes ? Car, les saints sont nos pères dans la foi : le ciel qui leur est donné, est également notre patrie, et ce n'est que par l'imitation de leurs vertus que nous pouvons y parvenir. Vouloir au contraire honorer les saints par une conduite que leur sainteté condamne, c'est leur rendre un culte tout-à-fait dérisoire, c'est une véritable impiété !

Illustre et saint Pontife, patron aussi zélé que puissant, cette ville a été le berceau de votre sainteté, faites-en l'objet de votre prédilection. La terre que nous habitons a produit en vous le lys de l'innocence, le cèdre des plus hautes, des plus sublimes perfections ; ne permettez pas qu'elle devienne de nos jours une terre stérile, une terre ne produisant plus que des fruits d'iniquité... Soyez au milieu de nous par l'influence de votre protection, comme vous y êtes par cette portion de vos dépouilles, l'ornement de nos autels, la gloire de notre patrie ! Ossements sacrés, renouvelez, en notre faveur, le miracle qu'opérèrent les os du prophète sur le cadavre qu'ils rappelèrent à la vie. Soyez pour tous ceux qui auront le bonheur de vous toucher, une source de résurrection spirituelle et de salut, afin que vous imitant sur la terre, nous participions un jour à votre récompense dans le ciel.

Ainsi soit-il.

NOTES.

(*a*) Ce sont les expressions de M. l'abbé Riquier lui-même , dans une lettre écrite peu avant sa mort.

(*b*) On lira avec intérèt cette courte biographie de M. l'abbé Riquier , publiée tout récemment par le *Journal de Brignoles* et reproduite par l'*Univers* , la *Gazette du Midi* et les Journaux du département :

« M. l'abbé Riquier a passé plus de trente ans à Brignoles. Il y fut nommé vicaire , très-jeune encore , en 1824. Son rare mérite le fit bientôt remarquer de Mgr. De Richéry, qui l'associa à l'administration diocésaine , quoiqu'il eût à peine atteint sa 27ᵉ année.

« Deux ans plus tard , l'importante cure de Barjols fut offerte à M. l'abbé Riquier ; l'affection toute filiale qu'il avait pour M. Jujardy , son vénérable curé , la lui fit refuser. M. Jujardy fut touché de cet acte de dévouement de son jeune et pieux vicaire , et ne l'oublia jamais. A son lit de mort , il le demanda instamment pour son successeur à Mgr. Michel , de si sainte et si douce mémoire : il eut le bonheur de l'obtenir.

« C'était en 1833.

« Devenu curé de Brignoles et chanoine de Fréjus , M. l'abbé Riquier fut constamment honoré de la confiance la plus entière de ses supérieurs , et entouré de l'affection et de l'estime des membres du clergé, qui trouvèrent toujours en lui un administrateur plein de lumière et d'aménité , un ami dévoué et sincère. Sa paroisse, avant tout , fut l'objet de sa plus tendre sollicitude. Et s'il passa à Brignoles de longues années , on peut dire de lui , comme du divin Maître , dont il retraça les douces vertus , que ce fut *en y faisant du bien*. Aussi sa mémoire vivra-t-elle dans le cœur des Brignolais : les œuvres de son zèle seront là pour la perpétuer et la faire bénir. Ils n'oublieront pas surtout que si 400 de leurs enfants reçoivent le bienfait d'une éducation religieuse et gratuite , c'est à lui qu'ils le doivent.

« En décembre 1854 , Mgr. Wicart voulut récompenser ces honorables et utiles travaux : il appela donc M. l'abbé Riquier à la première cure de son Diocèse. M. l'abbé Riquier n'a passé que dix-huit mois à Sainte-Marie de Toulon ; ce court espace de temps n'a pu lui permettre de faire pour Toulon , ce qu'il avait fait pour Brignoles , mais il a suffi pour lui concilier l'estime et le respect des personnes les plus honorables de cette grande cité.

« La correspondance de M. l'abbé Riquier nous a révélé , après sa mort , ce que, durant sa vie , son humilité avait voulu nous taire. Par deux fois , M. l'abbé Riquier avait été jugé digne des honneurs de l'épiscopat. Nous avons pu lire , non sans une émotion profonde , et les touchantes félicitations que lui a adressées , à cet effet , un pieux et savant prélat, son ancien condisciple et son ami , et les sollicitations pressantes que lui avait faites un brave amiral , devenu , en ces derniers temps , l'une des gloires de la marine française.

« A peine la mort de M. Riquier a-t-elle été connue à Brignoles , que le clergé , affecté plus que personne de cette perte cruelle , s'est empressé d'annoncer un service solennel. Les pieux fidèles n'ont pas été indifférents à cet appel qui répondait si bien aux sentiments de leur cœur. Chaque famille , tenant à honneur de se faire représenter à la cérémonie funèbre , est venue mêler ses larmes et ses prières , aux prières et aux larmes de l'Église. Quoi de plus juste , en effet , que la reconnaissance publique pour ce prêtre pieux , pour ce pasteur plein de zèle qui , pendant le cours de plus de trente ans , a pu répandre ses bénédictions sur la tombe des pères , sur l'union des époux , sur le berceau des enfants ! — Quoi de plus légitime que ces regrets universels pour ce père si bon et si charitable qui a connu et partagé tant de peines !

« Sur sa tombe, M. l'abbé RIQUIER a reçu le plus bel
éloge qu'un prêtre puisse ambitionner : les larmes des
pauvres et des orphelins ! »

M. l'abbé RIQUIER est mort dans les environs de Toulon, le 25 juillet 1856 ; un épanchement au cerveau l'a
enlevé presque subitement, au moment où on le croyait
entré en pleine convalescence ; il n'avait pas encore achevé
sa 55e année.

(c) LA NAISSANCE DE LOUIS. Brignoles s'est toujours
glorifiée d'avoir donné le jour à saint Louis. Pierre Rodol-
phe de Tossigny, évêque de Sinigaglia, n'est que l'écho
fidèle de cette tradition constante, lorsqu'il dit, dans son
Histoire Séraphique : « Saint Louis mourut à Brignoles,
dans le palais royal où il était *né* et où il avait été élevé ;
Mortuus est Brinoniæ in œdibus regiis, ubi NATUS *et edu-
catus fuerat.* »
Parmi les nombreux historiens de notre Saint, deux
seulement, dans le XVIIe siècle, ont mis en doute sa naissance à Brignoles : ce sont Luc Wading, cordelier Irlan-
dais et Sponde, continuateur des Annales de Baronius.
Mais leur assertion est purement gratuite, puisque Wading
n'apporte aucun témoignage à l'appui de ce qu'il avance,
et que Sponde n'en apporte pas d'autre que celui de Wading. La tradition des Brignolais, au contraire, est fondée
sur les autorités les plus formelles et les plus graves :
contentons-nous de citer Barthélemy de Pise, qui étant
mort en 1401, âgé de près de cent ans, a vécu avec des
compagnons de saint Louis, et François de Mayronis,
cordelier célèbre par sa science et sa piété, qui, ayant été
le confrère, le contemporain et le compatriote du Saint
lui-même, a dû le voir et le connaître personnellement.
Ces deux autorités suffiraient, seules, pour donner à
notre tradition, tous les caractères de certitude et de vérité
que peut avoir un fait historique.

(*d*) **SES DÉPOUILLES.** Par son testament fait le jour même de sa mort, saint Louis avait choisi sa sépulture dans l'église des Cordeliers de Marseille ; ce qui explique, peut-être, pourquoi il légua ses restes mortels à Marseille et non à sa ville natale, c'est le mode d'embaumement en usage alors, lequel, n'ayant pour but que la conservation des ossements, laissait, par suite, les chairs, les entrailles et le cœur à l'endroit même où l'embaumement avait lieu. Or, l'embaumement ayant eu lieu à Brignoles, c'est à Brignoles aussi que cette noble portion du corps de notre Bienheureux dut être laissée, — et fut, en effet, ensevelie, d'après une tradition pieuse, dans une chapelle de l'église des Cordeliers.

Outre ces saintes et précieuses dépouilles, Brignoles possède encore :

1º Dans un reliquaire d'argent, quelques filaments de laine de la tunique de saint Louis, une parcelle de ses chairs, et un ossement considérable formant à peu près toute la clavicule gauche, tant soit peu tronquée par ses extrémités ;

2º Les gants du Saint, sous verre et dans deux cadres nouvellement restaurés ;

3º Dans un reliquaire carré, garni en lames d'argent, la chapelle que saint Louis, par son testament, légua aux Cordeliers de Brignoles : cette chapelle se compose actuellement de fragments considérables d'une dalmatique, d'une chappe et d'une chasuble ; on voit aux quatre faces du couvercle, du tafetas rouge ayant servi autrefois à envelopper le testament du Saint, son couteau, ses ciseaux et un morceau de sa robe de Cordelier ; la mitre du saint Évêque, encadrée entre deux verres, couronne le tout.

Toulouse conserve très-précieusement une dalmatique du Bienheureux[1], en tout semblable à celle que possède l'église de Brignoles : c'est la même forme, la même étoffe, c'est le même galon. Ce fait, — que nous affirmait naguères un savant archéologue, chargé par le ministre des cultes, de reproduire en dessin colorié la célèbre chappe de saint Louis, conservée à Saint-Maximin, et tout ce qui reste de ses ornements pontificaux , — ce fait, à notre avis, prouve de la manière la plus incontestable l'authenticité de nos saintes reliques.

Quant au corps du saint Évêque , il fut transporté dans l'église des Cordeliers de Marseille , peu à près sa mort, et déposé dans un tombeau préparé à la hâte. Charles II , père de Louis, et Robert, son frère, consacrèrent des sommes considérables pour faire construire , dans la même église, un magnifique mausolée. Les saintes reliques y furent solennellement transférées, le 10 novembre 1319. Plus de cent ans après , l'an 1423 , Alphonse V , roi d'Aragon , parent de saint Louis, par Blanche, sa sœur, se rendit maître de Marseille, après un siége meurtrier. Seules, les reliques du saint Évêque de Toulouse furent le butin qu'envia sa royale piété ; il s'en empara , les transporta en Espagne et les déposa dans l'église cathédrale de Valence, où elles sont encore aujourd'hui.

www.ingramcontent.com/pod-product-compliance
Lightning Source LLC
Chambersburg PA
CBHW061137050726
47594CB00005B/2253